JN409316

추 다 영 시인

1970년 서울 출생

2004년 월간 《시사문단》 등단

2012년 계간 《다시올문학》 수필 등단

다시올문학 편집위원, 운영이사

시집 『나를 환장하게 하는 너』

poeticdy@hanmail.net

031
다시올시선

나를 환장하게 하는 너

추다영

다시올

시인의 말

그날은 빛이

엄마의 무덤집에 귀를 대고 소리를 들었어요
바스락 거리는 소리에 엄마의 움직임을 들었지요

내 어머니는 딸이 온것도 모르고 무얼 하시는지
엄마가 사는 별나라도 내가 사는 별처럼
부산스러운 요동이 있다는걸 알았어요
어머니가 말해줬어요
당신이 그렇게 사신다고 말예요

어머니 무덤 옆에
물감 풀어 무지개 한 그루 심었어요
비가 내리면 어머니가 더 그립고
나 자신이 더 가엾어 보인단 말예요
그래서 무지개를 그렸어요

비가 그치면 가엾던 내 모습도
무지개처럼 사랑스레 빛나라고
그래서 무지개를 심었어요
그날은 무지개 심기 좋은 날이었지요
비가 왔었거든요

그리고 그날은 빛이 났거든요
무지개가 어머니의 무덤에서 올라와 내 별에 닿으면
어머니께 행복한 딸의 모습을 무지개로 포장해서
이 시집과 함께 어머니께 드리고 싶어요

2018년 11월 깊은 가을날

추다영

■ 차례 ■

1부
바다, 한 몸짓

2부
나를 위한 변명

3부
살아내며

4부
아직 끝나지 않은

작품해설

1부

바다, 한 몸짓

드라이플라워(造花)

좁은 유리병에 몸들이고 앉아
철심으로 자세를 지탱하는 너는
꽃이다
주위를 둘러보면 탈색되는 배경들
팔랑거리며 한 마리의 나비가 젖은 날개를
안간힘으로 펼치고 있는 모습은 창문 밖의 것이다
꽃이다
꽃다운 자세로 유리병을 견딘다
꽃이다
잘려나간 허리의 통증도 희미해질 것이다
유리병은 바닥까지 메말랐고 꽃은
조화를 닮아 있다
붉은 꽃, 파란 잎사귀,
꽃은 선명한 색깔들을 마른 꽃대 하나로
기억하는 것이다

밤의 독백

밤을 가로질러 저기 또 하루가 다가오네
먼동이 트면 흩어지고 사그라지는
모든 것들, 흐린 별빛까지도
침묵과 어둠의 것이었다는 걸 알게 될 것이네
지금 어떤 소리를 들은 것도 같네
밤새의 울음과 대숲에 든 바람 소리 모든 게 다
밤이 내뱉은 이야기였네.

새벽이 오기 전

밤을 꼬박 새우며
하늘을 수놓은 별들을
위로한 적 없었습니다

미처 피지도 못한 채
떨어지는 꽃잎 위에
입 맞춘 적 없었기에
고단하게 울어대는 밤벌레
잠시 쉬어 갈
창은 열어두었습니다

달에 닿은 나뭇가지
결이 고운 노래 한 소절
허공을 향해 흘립니다
작은 촛불
인연과 만남을 기도하고

새벽이슬을 줍습니다
작은 정원에 뿌려두겠습니다

밤바다

밤이다
저기 바다가 있다

저 어두워진 하늘의 바닥을 뚫고
몇 척의 배가
느리게 간다
오래 산 사람처럼 바다가 뒤척인다
하늘로부터 바람을 타고 뿌려지던 별과
벌레들의 잠은 수렁을 빠져나온 긴 사람처럼
함께 몸 기대고
밤을 건널 것이다.

눈물

그림자를 지우며
꺼져가는 촛불 아래
장님의 걸음처럼 울음이 쌓인다
빛의 잔재, 녹아내린 기도의
살점, 그리고
타버린 심장이 하나둘
움직이지 않고
정물이 되어 있다
미망인의 낯빛을 닮은
하얀 양초가 오래
눈물을 쏟는다
지난 시간의 변두리를
하염없이 서성이던 그림자
지금 촛불이 밟고 섰다

이 자리

창문 틈
스며드는 달빛에
그리움도 반짝인다
고즈넉이 내리는
솔잎 향에 취해
쓰러지는 밤의 기억은
창문에 닿지 못하였다
돌 틈 사이 이끼처럼
쪼그려 앉는
사랑과 기억이
오직
한 방향으로 자란다

왜곡

좁은 터에
거대한 성(城)을 짓기 위해
있지도 않은 전례(前例)를 찾아
무덤을 연다

입을 한껏 벌리고 태양을 보던
아이는 눈이 부셨다

끝없는
빛의 늪은 아이에게 가혹하다

꾸역꾸역 삶을 토하게 하고
살아내기 위해 아이는
몸집과 몸무게를 부풀리고 있다

내 어린 날에
아이 애어른이란 말 들은 적 있다

조약돌

파도에 넘어지고
쓸려가며 돌이 구르고 있다

이 우주(宇宙)에 너 있으니
우주란 손에 쥔 돌

돌 틈에 나 있었구나

운명의 비밀

모습을 감출수록
흔들리는 것이 있지

태양은
노을 속으로 스러지고
아름다운 밤이었다
열정과 분노의 순간이
불현듯 스쳐 가고
천길 생각을 감아쥐고
난함(欄檻)에 서성이는
머리 검은 짐승
운명은
그림자를 공중에 매달았다

상념(想念)을 비운 후에 날아오른 머리
고단했던 무릎, 운명을 던져주었던

여신의 긴 손은 땅에 닿은 적이 없다
나는 한사코 땅을 벗어난 적 없다

유월의 보름달

유월에는
가슴 가득
둥근달 하나 사모했습니다

그를 침실에 두기 위해
시위에 화살 하나 걸어 놓았습니다
오늘은 그를 겨냥해
힘껏 당겨 볼 것입니다
가슴에 깊숙이 박힌 촉 끝이
나를 만날까 설레기도 합니다
눈먼 달을 꿈꾸며
화살 하나
유월 허공을 가릅니다

화살을 맞은 달 하나가
떨어질 것입니다

홀로 맞는 어둠

아이들 웃음소리
멀어질 때쯤
창가에는
어둠이 내립니다
어둠은 나와 내 그늘을 삼킨 후에
성인이 될 것입니다
홀로 채워야 할 밤의 허공에
불면을 쏟아 커피 향이 번집니다
낮에 본 신작로 가로등
갈 곳 없는 장승
우리는 익숙한 듯
밤을 지새울 것입니다
불탄 허공에
향기는 재가 되지 않습니다
하늘에는 어둠을 저으며
커피 향만 떠돕니다

밤

어둠을 뚫고 살며시
별빛 한줄기 내려앉으면
그것은 사무친 사연입니다
조용히 바라보는
다정한 눈빛의 이야기는
과거에도 좋았습니다
넓은 하늘에 별들이
쌓여만 갑니다
밤의 이야기는
마음을 두드리는
고운 손끝입니다
떨어진 별이 나를 안아
꿈길로 가려 합니다
아마도 그 길은
어둡지 않을 것입니다

바다, 한 몸짓

바다가 내민 주먹 하나
그 몸짓이
해안선이 되었구나

수억 만년을 흔들고 뒤집는 저
광시곡(狂詩曲)
바위틈을 파고든다

가을의 시간

창 틈새로 가을이 들어왔다
길가 귀퉁이 들풀 사이에 쉬고 있던
바람도 함께 왔다

별빛 찬란한 깊은 밤에
가을의 이야기를 그를 통해 듣는다

산책로 억새는 저녁 바람에 너무 취해
홑이불 서걱되는 소리는 듣지 못했다고
억새는 해바라기의 모습이 저를 닮아
슬퍼했다고, 뜰 밖 석류나무는
주렁주렁 삶의 무게를
잘 견뎌내고 있다고

지난가을은 그랬던 것 같아
타들어 가는 석양처럼
창문을 연 것 같아

산다는 건

산다는 건 말이지
가슴을 훑고 가는 안개
한세월 산다는 건
애틋한 그리움과
먼바다와 외딴섬이 함께 강을 건너는 것

서글픔이 밀려온다.
누구나 말은 참 쉽게 한다.
슬픔 담고도 행복은 기지개를 켤 준비를 하고
고난이 있기에 또다시 일어설 수 있는
삶의 발판이 되어준다고 말이다.

누구나 할 수 있는 말
지겹도록 식상한 말

산다는 건
수많은 내가 나와 함께
외로움의 깊은 강을 함께 건너는 것

www.poetic.co.

새벽이 온다

여명은
아직 깨지 않은 새벽을 일으킨다

겹겹이 포개져
자정을 지배했던 까만 알갱이들
이슬 되어 떨어지고
세상은
그 누구의 가슴으로도
이슬을 받지 않았다
밝음이 오고 있다

아직은 새벽
그 불빛도 소리가 되지 않는다
빛은
천상의 굴레인 듯 또 돌고 있는데

시월의 고백

은하수를 꿈꾸던
시월의 붉은 노을은
서산 밑 호수에 몸을 담그고
잔잔히 일렁이는 황금벌판이 되었네

펼쳐진
시월의 만찬은
감사의 눈빛을 갖고 있네

나무는
모진 겨울을 뿌리의 힘으로 견뎠다고 한다
시월의 하늘은 불면과 고백 그리고
나머지는 여백이다

야밤

짙은 어둠 속에 나는 서 있다
잊어버린 발자국을 찾고 있는 중이다
눈 감고 생각하니
나는
지나온 길조차
기억할 수 없는 사람
방황은 늘 늙고 빛바랜
공원 벤치에 앉아있었다
하나둘 초심들은 고향으로
돌려보내고
지나쳐온 시간은 흰 색깔의
꽃잎 이었구나.
소중히 떠나보낼 흔적이었구나

2부

나를 위한 변명

겨울 단상

나무는
언 바닥을 뒹구는 나뭇잎을 생각한다
밤을 덮은 이야기와
밤을 가른 꿈도 앙상한 나뭇가지에
머무르고 있다
질긴 애정은 신의 횡포
사랑의 의식은 신전에서 치러야 했다
겨울은 삭풍을 몰고 왔다
빈 가슴을 찢고
그 옛날
뗏목의 물길을 따라 긴 이랑을 이어준
물안개 너머로 삭풍은 왔다
모두가 떠나는 길 위에
인연 한 자락 운명처럼 붙들고
서쪽에는 전신주에 달이 걸려있다

또 하루가 오고 있다

화장하는 여자

한낮에 보았던
정체 모를 여인
옥양목 빛 살갗에
등 선을 훤히 드러낸 여인은
얇은 실루엣 날개를 깔고
꽃단장을 하고 있다
일상에 쌓인 겹겹의 우울은
곰팡내 나는 카페에서
로트렉의 [화장하는 여인]을 만난다
음률은 시대의 유희(遊戱)일 수 있었지만
가면이 될 수 없었다는데
개의 꼬리와 그림자가
길 위에 버려진 그림 속의 여인을
밟고 간다
여인은 짙은 화장 후의 거울 속에서
저물도록 웃고 있다

내 삶

향 깊은 커피처럼, 향 고운 들국화처럼
향기로운 이야기 곱게 써낼 수 있었으면 좋겠습니다
삶의 여유란 버리는 곳에서부터
차오르는 것이란 걸 배워야겠습니다
숨 가쁘게 돌아가는 세상의 틈바구니
한 발 뒤로 물러나서
비우는 것이, 빈 것이 여유라 믿으며
내 그렇게 나이를 먹고 싶습니다
귓가엔 음악이 흐를 것입니다
입술에는 풀잎 물고
기도의 말씀을 적셔가며 살겠습니다
넘치지 않게 나누어 가진
가슴을 사랑합니다
나를 사랑하고, 내가 사랑하는
나의 모든 사람을 위해
기도할 수 있었으면 정말 좋겠습니다
커피잔에 담은 내 생각이 이제 따뜻합니다

por que
que te amo
porque
con el alma

비명

수증기 가득한 거울 속에서
내가 아닌 나를 보았다
뿌옇게 서 있는 나와
눈을 마주칠 수 없다
눈동자는 흐려지고
자고 나면 떠오를 태양처럼
부인할 수 없는 마음 하나, 마음 둘

후미진 뒷골목을 뒹구는 바람
그곳에서 본 것은
알몸으로 웅크린 내 그림자

변기가 변기를 배설한다
샤워기는 날카로운 비명을 쏟아낸다
나는 무너져 흐르고 있다

흔들리는 거울 속으로 낯선 내가
울음을 터뜨리며 흩어지고 있다

당신에게
편지를 쓴다며
詩를 쓰고 말았습니다

가을 편지

먼 안개의 손짓
억새풀을 깨우는
새벽 첫 바람을 기다리는
천사들은 투명한 이슬 모아
비밀의 성을 쌓고 있다
성안에 들어서면 나는 자유다
가을 그 우아한 수채화가
성의 백성이다
가슴 깊이 간직한
소시절의 소망을
말라 떨어진 잎새 위에
성을 쌓은 내가
편지를 씁니다

삶

그냥 살았습니다
기쁜 일을 만났을 땐
더없이 행복해 했습니다

슬픈 사연을 접했을 땐
아무도 모르게 펑펑 울며
눈물로 씻어버렸습니다

커다란 아픔이 있을 땐
이불 뒤집어쓰고
몇 날을 앓았습니다

그러나 작지만 아주 선명한
그 무언가가 내 속에 있습니다
그것은 밭 일구고 씨 뿌리는
삶의 의지였습니다

마음 담을 집

마음에 작은 집 하나 갖고 싶다
커다란 마당이 없다 해도
근사한 가구들이 없다 해도
그저 내 마음에 들어설 수 있고
내가 들어가 살 수 있는
그런
작은 집 하나 갖고 싶다.
몇 번 접은 그리움 하나
꼭꼭 숨겨둘 수 있는
그런 작은 집 하나 갖고 싶다.
내 마음 어느 한 곳에
아무도 찾아들 수 없는
나만의 작은 집에 길손처럼 나를
들이고 싶다

나를 위한 변명

그리움을 감추기 위하여
아무 일도 아닌
일상을 말해야 했습니다.
때로. 그리워 않고는
사랑할 수 없음을
다시 이야기해야 합니다.
외면할 수 없어
들어낼 수 없는
사람을 마음에 두고 나무는
자랍니다 까닭에
떠나보내면서 돌아선 거리가
온통 그루터기입니다

사모하였습니다.
참고 기다리는 그런
시간을 말해야 했습니다.
그렇게 그리워하겠노라
말해야 했습니다.
지쳐있을 사람을 위로하라
이야기했습니다
그러나 끝내 일상으로 돌아오면서
한 마디 말도 하지 않으리라 다짐하고
잘했다고 이야기 했습니다

세월

세월에 맡겨버린 순간
어느새 변해버린 나
울 수 있는 여유조차 허락지 않았던
내 머릿속, 둘러싸인 외로움에
조금씩 풀이 꺾여 가지만
가슴 깊이 샘 하나 마련해 두었지
새어 나오는 한숨
아무도 모르게 바람에 실어 날렸고
내리려는 눈물 아무도 모르게
빗물에 흩뿌렸어
세월을 팔아 마련한 보물
그건 내게 남은 하나의 순수
마르지 않은 사랑의 샘
바람처럼 자유롭고
빗물처럼 순결한 사랑
보물처럼 아껴둔 샘
아낌없이 나누어 줄 만큼
나 어른이 되어있고
나는 충분히 흐려있다

아침의 기도

제게 주신 맑은 아침을 감사드립니다
비록 피곤하여 지친 육체일지라도
쏟아지는 밝음으로 세우시니
더 없이 감사합니다
세상의 모든 것 사랑하나
탐내지 않게 하시고
내가 사는 이날이 마지막 날처럼
소중히 여기게 하소서
때론 세상과의 싸움에 무너지고 마는
작고, 초라한 나
채찍질할지라도 미워하지 않게 하시고
나를 위해 타인을 배려하게 하소서
내 영혼은 나약하여 쓰러지기 일쑤나
타락하지 아니하게 하시고
내게서 흐르는 눈물이 한이 되지 않아
그 눈물로 간절한 소망을 기도하게 하소서...
나의 미련함이 사악한 꾀보다 아름답게 하시고
의로운 자리에 설 수 있는 지혜를 주소서

좋은 길로 인도하시기보다, 궂은 자리에서도
사명 충분히 감당할 용기와 의를 주소서
새로이 시작되는 모든 일을 주관하시어
그 끝이 절대 헛되지 않게 하소서
오직 한 영혼만 사랑하게 하시어
안에 이르게 하소서

사랑

가끔 당신이 낯설어도
당신이 그립습니다
내 사랑은 과거에 머물며
지난날의 당신이 아닌
지금의 당신이 내게 오길
기다립니다
어느 날은
다른 가슴에 묻힌 듯한
당신 모습을 가엾어하며
차마 내가 애처로워
내 어깨를 감쌉니다
당신의 이름으로
내 이름을 기억하며
너무 멀리 있지 마시라
당신에게 말합니다

독백

공간은 끝이 없다만
시간은 언젠간 내게서
떠나게 될 것이다
회한의 이유가 되었던
과거가 나를 나무가 되게 한다
새것을 위한 노력은
뜻하지 않은
상처가 되기도 하지만
버린 후에 얻은 것은
욕심이 아니었다
나는 충분히 힘들다
버림이 나를 새롭게 한 지금
하나의 새것을 담기 위해
가진 가지 하나를
예쁜 모습으로 자른다
잘라낸 가지의 자리로 바람이
어제처럼 지나간다

내 남자의 눈물

침묵으로 돌아누운 까닭을
이제는 알겠습니다
등 너머로 내쉬는 한숨을
조금은 알 수 있습니다

창 너머 허공을 응시하는
창백한 눈동자는 글썽이고
회한의 강 너머로 흩어지는
긴 담배 연기

혼자 걷는 좁은 길
온종일 헐떡이며
숨보다 먼저 달리는 심장
남자의 가슴은 아플 수밖에

무겁게 짓눌린 어깨
당당하게 품고 있는 신념
그 찬란한 고독은 누구도
만질 수 없는 황금이라

더운 가슴을 갖고도
차가운 정직을 내 던져
부인할 수 없는 삶의 왜곡
그 가슴엔 늘 축축한
눈물이 흐릅니다

고백

고운 시선 머무는 자리에
모시겠습니다

안타까운 시간의 끝자락에서
꼭 붙들겠습니다

그 잘난 가을 햇살 아래에 수줍게 핀
코스모스 같은 행복 드리겠습니다

구름 한 점 없는 하늘 위
눈에 띄는 별이 되겠습니다

당신과 함께하는 매일매일이 행복입니다

엄마

환하게 웃고 계시는
액자 속의 당신
쌓인 먼지를
쓸어내고 닦아내도
다가갈 수 없는
당신은 내 엄마입니다
내 마음 너무 깊은 곳에
들어 손끝에
옷깃조차 잡히지 않는
내 엄마입니다

혼자라서

울컥 눈물 나도록 슬퍼지는 밤
까닭 없이 눈물이 흘러내리는
모진 세상
모질지 못하게 산 탓일 겁니다
소유한다는 것은
다 가지는 것이 아니라는걸
진작 알아야 했습니다
때론 자유로이 움직이는 그림자 뒤
먼발치에서나마 행운 빌어줄 수 있는
그런 사랑을 하겠습니다
한 때 갖기 위해 몸부림치며
나 자신을 괴롭혔던 미련함이
새삼 부끄럽습니다
정작 내 안엔 내가 없음을
이제 알아가고 있습니다

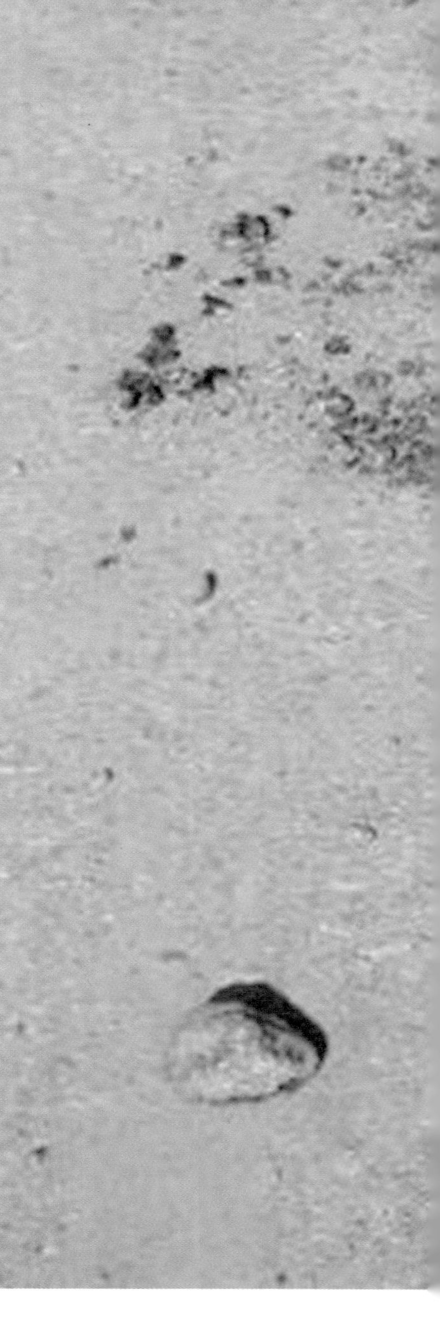

부처의 눈으로 보면 부처가 보인다

그는 삐뚤어진 성격이라
날아가는 새도 껍데기로 보았다고 한다
날짐승은 허탈한 껍데기로 날기에
하늘에 감사하지 않을 것이고
장미와 뭇 꽃들도 껍데기로 피었기에
하늘에 감복하지 않을 것이라고 하였다
우리 허탈한 껍데기로 존재하기에
하늘에 지은 죄 없지 않으냐 말하였다
껍데기 세상
껍데기 가득 이고 앉은
허탈한 세상이라는 당신에게
삼배 후에 잠깐 빌린
부처님의 눈을 주었다

3부

살아내며

진지한 수저

그냥 웃어버렸네
하늘 높이 오르자 하기보다
그렇게 한 번 웃기가 더 어려웠네
보이는 앞이 어두웠음은
다름 아닌 내 그림자 때문이었네
감당할 수 없었던 나날들이
날 경직시켰었던가 보네
때로는 버림받은 천사처럼
먼 허공을 헤매고 싶을 때도 있었네
그런 날은 유달리 더 높은 곳으로 새가 날아가고
나는 내 자리를 맴돌고 있다네
어느 누구에게도 말하지 않았기에
원망할 일은 없었다네
TV를 켰다네
수많은 길 중에 정해진 길보다
내가 선택한 길이 더 힘들었다는
어느 작가의 소회가 새로 장만한 수저처럼
밥상 위에 놓였다네

나는 버림받지 않았다

나를 버렸기에
내가 버렸던 책 한 권이 책장에서
유물처럼 발견되었다
기억 저 끝에서
나를 외면했다고 믿었기에
책장 깊숙이 꽂아두고 잊고 있었던
종이 뭉치
아련해진 마음으로
무심코 펼친 갈피 속에서
잊고 있던 말씀들이 발굴되었다
말라가는 내 가슴에 물기가 차오른다

주여! 왜 내가
이 험한 길에 서 있습니까?
뒤를 돌아보았다
길 위에 발자국들이 떠다녔다

이것은 마음으로
땅을 밟은 자의 발자국이 아니라는 말씀
책갈피 속에서 걸어 나왔다

겨울날의 노래

새벽 찬바람이
맵지 않은 까닭은
밝은 아침이 있기 때문입니다
겨울 아침이
유리알처럼 맑은 까닭은
내 안에 아직
꿈이 있기 때문입니다
처마 밑 고드름이
그토록 영롱한 까닭은
간절한 기다림이
매달려 있기 때문입니다
겨울나무에 핀 꽃이
유난히 아름다운 까닭은
따스한 하늘 소식 때문입니다
추위에 떠는 입술로
콧노래 흥얼거리며 즐거운 까닭은
내 노래이기 때문입니다

2%

손바닥에
단, 1%의 사랑과
98%의 믿음을 올려놓았다
그리고
남은 1%의 자유를 담장 밖으로
던졌다
총성이 들려왔다
1%의 자유가
전쟁을 불러왔다

98%의 믿음은 자유의
거친 손목을 잡아야만 했었고
붕괴시킬 수 없는 담장 너머로
자유를 들여야겠다

허무

시간은 사람을 보내고
서산에 하루해를 보내고
어둠은 하늘을 묻어두었다
눈 하얗게 쌓이는 밤에
내 사랑은 먼 곳에서
겹겹으로 나를 쌓을 것이다
그가 녹여버린 내가
낯익은 옛집 처마에서 떨어지면
나는 한낮이면 녹아 사라질
고드름이 될 것이다.

당신이라는 섬

그곳에 계십니다
어둠에도 또렷하시고,
밝은 낮에도 거대하신 몸채로
당신은
내 작은 바다에 계십니다
이곳에 계십니다
노을을 허리에 감으시고
검붉은 마고자로 몸을 가린 당신이
만든 바다입니다
당신은 그곳에 계십니다
다가서지도 물러서는 법도 없이
잡히지 않을 그림자 펼치고서
당신은
내 작은 바다에 첨벙이고 머뭅니다

고래를 기다리며

얼음 가죽 뒤집어쓴 겨울 호수는
바다가 되지 못한 한탄으로 깊어진다
호수는 호흡을 멈추고
고래를 기다린다
호수의 바다는
야산 기슭에서 발견되고 싶은데
바다를 함께 즐길 고래는 없다
술잔과 빈 병을 놓고 심해로 떠났다
막연한 그곳에는 내가 없을 것이다
호수는 고래를 지치게 한다

고래는 호수를 가로질러
먼바다로 떠나갔다

새봄

겨우내 얼었던 외로움
망울로 터져
햇살 사랑받는 날
그토록 그립다만 가지 끝
투명한 은구슬로
새잎을 틔우고
바램 없이 따듯한 하늘
대지 위 은혜 되니
새로 피어날 축복입니다
새봄이란 이름
남은 계절
길게 머물지 못하여도
준비한 한 줌의 씨앗
날려두고
새 생명 기다리는 봄은
세상의 어머니였습니다.

사악한 아름다움

아름다운 그녀 헬레네
그녀는 죄가 없어
사나운 적의 아내를 유혹한
트로이 왕자 파리스의 죄야
절개 없는 아내 헬렌
그녀는 죄가 없어
사랑으로 매어두지 못한
남편 메넬라오스의 죄야
헬레네
아름다운 그녀는 죄가 없어
생명을 담보로 한 전쟁
두 사내의 죄야
십여 년 긴 세월 동안 병사는 죽고
세상은 피에 젖고 잿더미 되었는데
그녀 죄 없어
싸움에 승리한 남편 메넬라오스
그에게 다시 몸을 준 헬레네
아름다운 건 죄가 아니지
욕망뿐인 신의 아들이 죄인이지

혼란(混亂)

광풍(狂風)에 흔들리고
폭우에 눌려
비음(鼻音) 질렀어도
아귀에 쥔 활시위에
곧은 살을 얹고 과녁을 겨누는 손끝
섬섬옥수다
정곡(正鵠)을 향해 떠는 손
쏜살이 허공을 가른다
무의(無義)의 세월을 가르고
산택(山澤)을 지나고
심정(心情)마저 뒤엎어
화살은 역반(逆反)해 꽂혔다
세기(世紀)도 혼란(混亂)도
꿰뚫는 촉 끝
시간의 왜곡인가
내가 사극의 주인공이 되어 있다
나는 난세에 비장했던 장부였구나

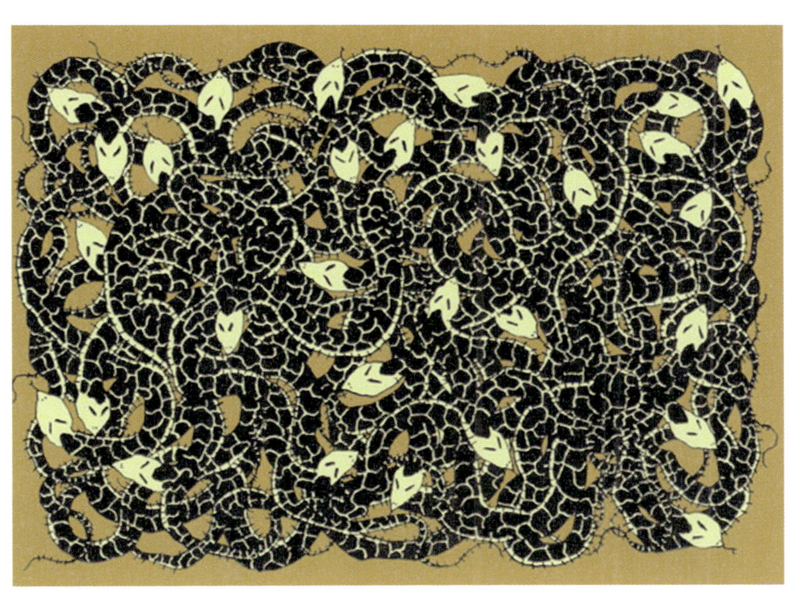

야독(夜獨)

뭇별 뜬 밤이 아픈 건
등을 타고 내리는 설움 탓이다

한밤중 아궁이에 불을 지피고
오랜 고요를 찢어 불사르는 중이다
불꽃 하나가 내게로 다가왔다
불꽃은 내민 혀끝으로 숨을 쉬고
바람과 함께 빨려든 먼지로
허기를 채우고 있었다

불꽃이 긴 팔과 그림자로
나를 삼키려 하는 불의 모략은
아궁이 속에 숨어 있던 바람 탓이다
모든 단애(斷崖)는 불 속에서 생겨났다
저 높은 불길 속에 날름대는
밤이, 밤을 기다린다

이카루소가 되어

절망은 날개를 갖기 위해 기도했다

입을 벌리는 열화(熱火)의 땅에서 몸부림치는 몸뚱어리는 세 가닥 생각에 골똘한다 남은 깃털은 단 하나, 깃털에 주문을 불어넣자 날개가 돋아났다

절망의 등짝을 후려치자 절망과 어둠들이 헛것임을 알게 되었다 큰 새가 미명(未明)을 깨는 아침이었다.

초상화

숲속의 한낮
동산을 걷는다

감 씨 꿰어 엮은 목걸이
목에 걸어 주던 옛 동무
살갑게 그리워라

무심한 세월
협곡이 되고 단애(斷崖)가 되고
물길마저 마른 이곳에
어떤 사람이 숨어 살기에
이 깊은 어둠이 빨리 왔는가

어둠이
계곡 닮은 얼굴을 그리고 있다

살아내며

잠 못 이루는 밤 육신의 혈맥(血脈) 길을 잃고 심장을 조여 옵니다. 사후(死後)를 위해 세상에 태어났다고 말하면 안식의 가치는 더 이상 의미가 없습니다

온종일 수고를 반복하고 내일을 위해 오늘을 걸어야만 한다면 이른 새벽 창가 바람 앞에다 아파 몸부림쳤던 이 몸을 맡기겠습니다

간밤 어렵게 청했던 잠, 길에서 허무를 몰고 온 밤의 온기는 새벽바람에 식어 갑니다. 아, 세월은 망각의 역사를 만들고 존재의 모습과 정신까지 바꿔 놓고 있습니다

끝없이 흐르는 반복의 시간 속에 고스란히 간직된 그리움 여기, 여전하지만 오늘도 어제처럼 수고의 길을 나서야만 오늘을 살아냈다고 말 할 수 있습니다

밤새

어둠 짙게 내려앉은 아스팔트 길바닥
두 갈래 빛을 의지해 질주했다

쏟아지는 졸음, 나른한 황홀
시간이 자정 넘어 새벽으로 향하자
귓가에 흐르던 음악 지친 어깨
살며시 애무한다

사람의 흔적 흩어진 지 이미 오래
굴곡의 모퉁이 길에 버티고 있는 가로등
초록의 잎들도 잠들었다

날이 새도록 달려도 이 길 끝은 어둠이다

새벽을 향해

칠흙(漆黑)같은 밤길을 밟아
끝이 없는 한 줄기 빛을 찾아
새벽을 부른다

암흑(暗黑) 속에서
알 수 없는 길을
걷고 또 걸었다.

억장(億丈)은 깊이 쌓인 번뇌
이 몸이 녹는 깊이의 밤이
깊어지자 새벽이 도착했다

하루

톱밥 가루가 날리는 동안
벽과 벽 사이가 벌어지고 회색빛
하늘을 이고 당신은 돌아온다
머리 위의 노란 안전모
한 사발의 탁주처럼 찰랑인다

누구신가
당신을 지치게 하는 이
당신의 어깨는 새를 닮았다

버둥거린 몸의 저녁과
무거운 발걸음이 집으로 왔구나

창밖은 밤벌레 울음소리
내일은 기도로 잠시 밀어 놓는다

황혼역-7

그리운 날은 그리워하겠습니다
외로운 날은 외로워하겠습니다
몹시도 보고 싶은 날이면 한 번쯤 하늘에 대고
흠뻑 울어도 보겠습니다

하늘이 참 맑습니다
그리움으로 꽉 찬 달력이 숨어있던 날
시간은 주름 가득한 얼굴이 됩니다
어떤 날처럼 또 어느 날이 밝아오고
문득, 혹은, 내가 먼 길
떠나는 나를 기쁘게 합니다

내가 앉은 이곳은 황혼 녘, 황혼역
내가 탄 기차는 어디 가슴에서 출발하였다고
얘기하지 않겠습니다

4부
아직 끝나지 않은

나를 환장하게 하는 너

저문 해는 천천히 입술을 깨문다

이마에 새겨 놓은 꽃들에게서 여자와 씨앗들을
거둬주세요

나는 꽃이 되지 못해서 위험합니다
내 앞에서 죽어가는 것들
한 번도 그들의 이름을 불러주지 못했습니다
마주 보는 우리는
허수아비와 빈 들판을 만날 때마다 말합니다
그리움이 내 것 아니게 해주소서
사람들이
내가 환장한 꽃과
분홍빛깔
씨앗들을 텃밭에다 뿌립니다

해와 달과 별을 텃밭에다
심어 한사람이 살고 있는 해와 달과 별이
지천으로 열립니다

내안엔 내가 없다

나를 사랑했고
나를 위해 견뎌 왔건만
정작 내안엔 내가 없습니다.

나만을 위해 마련한
보물 상자 하나, 정작
그 안엔 내 것이 없습니다.

나를 위해 수고했고
나를 위해 준비했건만
정작 내게 줄 것은 없습니다

철저히 나를 사랑하며
나를 지켜 낸 내 안엔
나는 없고 오롯이 당신만 있어
정말 미안합니다.

골목길

신작로 모퉁이 돌면
빈둥빈둥 서성이는 가로등
낮 빛인 듯 꼬여 있는
날 파리 떼

포장마차 비닐 벽, 힘겨운
날개 쉬어가는 방앗간
흔들리는 전구 등은
술 취한 그림자를 만든다

술 가득 담긴 잔
나그네의 입맞춤은
진한 연민 애잔했던
삶의 땀방울을 마신다

허우적거리는 세상 탓에
취해서 흔들리는 걸음이라
누가 나무랄쏘냐 흥얼대는
곡조, 골목을 서성인다.

밤의 독백 · 1

어두운 밤이 되길 기다리며
별과 함께 잠에서 깨어난다
달빛의 능선을 걸어 넘는다

한 모금 입김
그나마 흩어져 사라지고
재가 되어 식는 사랑 노래는
두고 나왔다

슬그머니 내다 본 어둠
침묵 속에 숨어 오는 먼동 있어
밤새 방황했던 흑백의 성운들
여지없이 쓰러진다

어둠을 밟고
새벽을 지나 나조차도 모를
나의 오늘로 넘어간다

또, 사랑

정녕 그대의 사랑이
그토록 힘겨운 것이었다면
부디 잊는 것만이라도
쉽게 잊기를

우연히 스친 인연이라
피할 곳도 돌아갈 길도 없어
부딪힌들 운명이라 할까마는
그래도 쉽게 잊으시기를

남은 손

한바탕 꿈입니다
잃어버린 세월 한탄한들
남겨진 족적(足跡)
서러울 것입니다

세월을 씨줄 삼아
나를 날줄로 엮었는데
올 사이사이로
도리(道理)는 흘러내리고
빈손입니다

운명의 비밀

제 모습을 감출수록
흔들리는 것이 있지
태양은 노을 속으로 스러지고
차라리 슬퍼서 아름다운 밤
열정과 분노의 순간이
스치는 것 하나
천애를 가름하는 난함(欄檻)
급경사를 만나 허우적이던 짐승
숲길에 남아 있는
제 그림자를 찾는다
꿈을 엿보던
또 다른 꿈속의 사람이
여신이 되어간다.

그들의 강

붉게 타오르는 구름언덕
부럽잖게 쏟아지는 노을빛에
강은 자만한다

세월의 상흔(傷痕)을 이고 누워
아무렇지 않은 듯 흐르며
흩뿌리는 빗줄기와 강은
통정한다

흐르지 못해 넘쳤던 기억을 깔고
비를 안고 누워 그렇게 흐르고 있다

강은 스스로를 변명한다
제 속 깊이 붕어와 메기와 가물치가
벙어리인듯 흐르고 있다

호박

지난 해 늦가을 씨 뿌린 주인을 잃었는지
마른 풀섶 뒹굴던 늙은 호박 하나 안고 왔지
흙 묻은 몸통을 닦아 주며 근사한 마차가 되어
오늘밤 어디론가 날 데려가 달라고
동화속 주문도 외웠어

어쩌면, 깊은 밤 근사한 마차가 되어
밤새 기다렸을지도 모를 후덕한 마부의 꿈은
백작이거나 공작, 마차의 주문은 잊혀졌고
어느새 펼쳐있는 공작의 깃털

호박을 가르면 아팠을 침묵
온 속이 다 썩어있다 호박은 이제
비로소 고향으로 갈 것이다

동화속의 주문을 듣던 귀도 삭아
마부의 목소리도 듣지 못하고
몇 개의 씨앗으로 몸을 바꾼다

자아이탈(自我異脫)

지독히 섬세한 자연의 섭리를 벗어나
말을 넘어선 고적함 그리고,
내 생과 겹쳐진 바람의 결
세상에 둘 곳 없는 흔들림은
가슴의 모든 섬모(纖毛)를 흔든다
천년, 아니 그 이전부터 있었던 오로라가
이 유방에 광휘를 드리워 외양의 거짓은
마지막 저항의 손짓을 한다
한 번 드러난 골수(骨髓)를 잊지 못해
어두운 육체에 갇혀 있는 사랑
그 중심으로 낯 선 손길이 닿는다

눈물이 흐르고 있다
자유롭고 순결한 열정 다시 시작되는 순간
생명의 존재는 파르르 떨고 낮게
흔들리는 열기 나지막히 들리는 음
엷고 부드러운 불길이 존재의 발치에서
타오르고 있다

심장은 이미 벅차게 닳아 오르고
나는, 그 깊이를 얼마나 이해했을까
영(影)이, 육(肉)을 나와 삶의 의지를
그렇게 엿보고 있었다

사랑했었다는 것

눈 내리던 강기슭에 그대 흩뿌리던 날
난 알아버렸습니다

나의 허울은 강기슭에 앉아 있고
영혼은 이미 그대에게 가 있었다는 걸

헤일 수 없는 밤, 꿈속의 약속을
그리도 간절히 기도했었지요

손가락이 기억한 주인 없는 전화번호
습관처럼 눌러보고 또 울어야만 했습니다

잔인한 운명 속을 헤매
온전히 사랑할 수 없다 해도 그
대 사랑했었다는 사실 만은
결코 잊을 수 없나봅니다

가을 밤

바람소리가 별을 흔들고
서툰 몸부림을 친
갈대의 무거운 날개는
밤마다 비상의 꿈을 펄럭인다.
애증의 껍질을 벗어버리고
그리움 정상에 닿은 달빛이
시들은 정원의 고독과
슬픈 운명의 울타리를 쌓는다
산과 산은 살을 섞지 못 한채
붉어지는 가슴앓이
창백히 떠도는 구름은 그저
하얀 비밀을 무겁게 안고 흐른다
손가락 걸어 언약한 사랑
연두빛 설레이던 순간은
마른 바람 노란잎으로 흩어져
숨어 흘린 눈물은 노을을 적신다

삶, 그 쓸쓸함에 대하여

바람에 떠밀리는 구름처럼
언젠가 꼭 한 번은
벗 없는 여행길을 나서야 함을
빛이 들지 않는 창가에
쪼그리고 앉아
해뜰 때를 기다리며 떨고 있었지
그리움이 내 것이 아니게 하소서
서러운 것은 두고
어제 흔들리던 갈대 숲
오늘 내 앞에 쓰러져가도
눈빛 하나 흔들리지 않는다
허수아비와 빈 술병
고독과 빈 잔에
눈물 한 방울 바칩니다
인생 그 무상함이, 오늘도
살아 있음을 감사하고 있습니다

따뜻한 모퉁이

내 삶
어느 모퉁이에서
우린 만났습니다
내 가슴
어느 모퉁이로
파고 들어오신 당신
이젠
내 전부가 당신
모퉁이에 있나봅니다

내려놓았다

세월의 바다 앞에 홀로 섰다
텅 비어 허무한 속이 드러났다
잊겠다고 한 다짐은
세월 앞에 맡겼다
떠오르는 태양을 보았다
가슴이 벅차 숨을 쉴 수 없었다
그 거대한 아름다움에
고개를 숙였다
철새들의 속삭임이 들린다
아름다운 날의 연(聯)이
위약(僞約)된 삶이 아니길
침묵의 기도를 했다
살아-있음을 감사했다
작은 흔들림에도 휘청이는 삶
가슴을 홀딱 열어 젖히고
모두 내려 놓았다

사랑을 알기 전

천상에서 살았었다
하얀 백설공주를 꿈꾸며
예쁜 거울을 손에 쥐고
빨간머리앤처럼 자랄것을 상상했다
높은 하늘을 날며 살았었다
이카루소의 날개를 보며
태양아래서도 녹아내리지 않을
거대한 두 날개를 펼치리라 다짐했다
맑고 아름다운 눈을 갖고
투명하게 불타는 심장을 갖고
그 무엇도 물들이지 않은 창공에
끝없는 비상의 꿈을 놓치지 않았었다
두 날개의 꿈을 사랑과 바꿔버렸다
한 줌의 애욕이 꿈틀대고
한 웅큼의 탐욕이 우굴거려
이젠 두 다리로 서서 하늘을 올려다 볼 뿐
그랬었다

사랑, 눈 뜨기 전의 순수함이다

아직도 끝나지 않은

기억하고 있나요

꼭 잡은 손 떨리던 입맞춤
지금도 가슴은 설레이고 있는데
그때를 떠올리면
우산이라도 잃어버린 듯
옆구리 한 켠이 쓸쓸해지는 것을
그대에게 당부한 한 조각 마음
긴 시간을 서성이게 하는군요
작은 부스러기 소리에도
잃어버린 무엇일까
자꾸만 두리번거리게 됩니다
눈물조차 흘리지 못 할만큼
따듯했던 그리움은
휑-한 구석 뒤적이게 합니다

마음 하나

하루가 저뭅니다
허무하리만큼 고요함에 취해
심호흡을 합니다

잠시 생각을 멈춥니다
피어오르는 구름
방안에는 그리움의 조각들이
눅은 벽지처럼 널려
진실한 마음을 찾는 외톨이처럼
돌아앉은 인연도 추억해 봅니다만
고요는 내게 외로움의
다른 이름입니다

방황하는 자가 돌아보면
돌아갈 자리가 있다는 것을
방황이라고 합니다만
내 방황은 아직
마음자리를 찾습니다

작품해설

詩, 순간들을 먹여 키운 분신

박병수 (시인)

작품해설

詩, 순간들을 먹여 키운 분신

박병수 (시인)

추다영 시인의 작품은 대부분이 시간과 공간을 이완시킨 고유한 내면의 솔직한 표현이다. 그의 작품들은 몽환적이거나 그것의 영향에서 생겨나는 착란, 혹은 상상에 기인한 영감에서 얻은 서정이나 모방이 아닌 오로지 이성을 따르고 있다. 이성은 때와 장소를 불문하고 우아하고 지적이다. 서정을 서정으로 통제하여 절제된 문장으로 드러낸 묘사와 표현이 추다영 작품의 특징이다. 그런 까닭은 아마도 그의 기억이나 일상에서 서정을 조장하거나 시적 통찰에 빌미한 관계들이 충분히 널려있기 때문일 것이다. 시인이 시대나 주변의 현상에 현혹되지 않고 오직 말의 절실한 선택과 특정한 양식의 견고함에만 발을 딛는 것은, 이성의 허락 없이 결코 말을 사용하지 않겠다는 자신만의 철학과 시작의 소신에 상관있을 것이다. 깊이 생각하지 않아도 시는 우리에게 부과된 슬픔이나 곤란으로부터 산문보다 더 큰 말하는 힘과 함께 보편적으로 혹은, 적극적으로 치유의 순간을 가져다주고 있다. 죽지도 않고 박제되지도 않은 사랑, 슬픔을 오로지 날것으로 보여주는 추다영의 시 세계는 서정시의 효용을 생각하게 한다.

나를 사랑했고
나를 위해 견뎌 왔건만
정작 내 안엔 내가 없습니다.

나만을 위해 마련한
보물 상자 하나, 정작
그 안엔 내 것이 없습니다.

나를 위해 수고했고
나를 위해 준비했건만
정작 내게 줄 것은 없습니다

나를 사랑하며
철저히 나를 지켜 낸
내 안에
오롯이 당신만 있어
정말 미안합니다.

—「내 안에 없는 나」 전문

우리가 따뜻하다고 느낄 때에는 무언가를 껴입었을 때가 분명하다. 사람이 사람을 껴입거나 자기를 열고 누군가를 내 안에 들이는 수단은 사랑 말고 없을 것이다. 내안에 정작 나는 없고 너 혼자 들여놓아서 미안한 상황은 배려와의 타협일까 절제된 포옹일까? 작품을 감상하며 맨 먼저 주목한 부분은, 시인이 표현한 상징(인물)은 너무나 또렷해서 독자가 공감하고 재현하는데 전혀 무난하다는 사실이다. 의도로 보이는, 대상을 고립시키고 그리하여 '본질 '을 끄집어내는 작법이 아닌 차라리 가장 아름다운 특징인 사랑을 과감하게 드러낸 방법은 오히려 진정성으로 와 닿아 마음이 머문다. 추다영은 이 작품에서 시를 위해서 싸우는 것이 아닌 사랑을 위해서 정열하는 자기를 보여준다. 과장하거나 치장하는 법 없이 상연되거나 이야기되는 것처럼 공개해버린 지극히 사실적인 사랑의 표현이 감동을 주는 까닭은 문장에서 허용한 진정성 때문이다. 시인이 할 일은 실제로 일어난 일을 쓰는 것이 아니라 일어날 수 있는 것, 개인적으로 필연적으로 가능한 일을 쓰는 일이라는 주장도 있다. 배척하지 않고 내 안에 들인 ' 너 '는 꿈꾸는 ' 나' 일까 떠나간 나일까?

저문 해는 천천히 입술을 깨문다

이마에 새겨 놓은 꽃들에게서 여자와 씨앗들을
거둬주세요

나는 꽃이 되지 못해서 위험합니다
내 앞에서 죽어가는 것들
한 번도 그들의 이름을 불러주지 못했습니다
마주 보는 우리는
허수아비와 빈 들판을 만날 때마다 말합니다
그리움이 내 것 아니게 해주소서
사람들이
내가 환장한 꽃과

분홍빛깔
씨앗들을 텃밭에다 뿌립니다

해와 달과 별을 텃밭에다 심어 한사람이 살고 있는
해와 달과 별이 지천으로 열립니다

―「나를 환장하게 하는 너」 전문

이 작품은 시집 속의 다른 표현이나 형식에 비해서 세밀한 규칙에 구속되지는 않았다. 어떤 형식과 규칙을 갖고 스스로를 속박하거나 스스로 구속하지 않는 문장의 배열은 추다영다운 모습이다. 사랑의 감정은 신체 내에 조화되어 따뜻한 모습을 나타낸다고 하였다. 서정시의 특징은 위의 말처럼 표정을 드러내고 친근감으로 다가오는 유별난 영적 기능을 갖고 있다고 생각된다. 간절한 사랑은 동적이지만 요란하지 않고, 정적이지만 침묵하지 않을 것이란 생각을 해보게 된다. 사랑, 화자의 대상을 신격화 시키면 ' 신은 중심이 도처에 있고 원주는 어디에도 없는 구형(球形) '이라고 하였던 칼 융의 주장을 떠올리게 된다. 문체의 양식에 얽매이지 않고 오직 한 가지 목소리만을 드러내는 문장과 형식에서 간절한 화자의 심상을 목격한다. 작품 속에서 자기의 감동을 펼쳐 보이는 사람을 간혹 비판하는 논조도 있지만, 서정시의 속성상, 또는 자기 고백의 성격으로 이미 선언한 이 같은 작품을 두고 설사 플로베르라 할지라도 비판하지 못할 것이다.

새들은 날개를 손질한다
비상하길 꿈꾸면서도 깃털하나 자라지 않는 내 어깨는
새의 것이 아니어서 무거웠구나
수렁이거나 미로들을 벗어나려 나는 날개를 만들고
깃털을 기르기 위해 산비탈에 텃밭을 일구어야 겠다
나는 날개가 필요하다

새가 되기 전의 나는
깃털 하나 정도 길 위에 놓아두고
새가 되기 전에 나는 당신에게도 함께 새가 되자고
오랫동안 귓속말을 할 것이다
나는 전생에도 새가 되고 싶어 했다

—「이카루스」 전문

이카루스의 날개는 힘겨운 현실을 살아가는 모든 사람들이 가장 많이 떠올리는 상징일 것이다. 일상을 벗어나고 싶어 하며 더 큰 비상을 꿈꾸는 사람들, 그런 마음들을 가장 근접하게 구원하고 표현한 도구가 일반적으로 이카루스의 날개일 것이다. 이카루스는 탈출하고 싶은 자에게 있어 구원 의미의 형상일 수도 있고 비상하고 싶은 자의 로망일 수도 있겠지만, 한편으로는 지나친 자신감이나 욕구를 지배적 위치에 올려놓거나 망상에 빠져들게 하는 심리를 조장하는 협력자가 될 수도 있을 것이다. 우려할 필요 없이 추다영의 이카루스는 날아오르고자 하는 마음을 표현한 상징적 수단인 동시에 함께 행복을 나누고 싶어 하는 마음의 표상이기도 하여 따뜻한 본성, 또는 사랑의 형상과 느낌으로 다가온다. 한편으로, 이 작품은 그의 현재를 구성하는 절대적 요소인 내면의 아름다움을 얼핏 가늠할 수 있게도 한다. 예술의 아름다움은 그 자체만으로 인간을 인간 이상으로 높이는 끊임없는 힘을 가진다고 하였다. 그러나 그렇기 때문에 시를 쓰거나 예술 활동을 하는 이는 거의 없을 것이다. 시는 시 그 자체외의 목적을 갖고 있지 않지만 화자나 타자를 포함하여 대부분의 사람들은 시에게서 더 많은 것을 기대하고 얻으려고 한다. 때로는, 진리를 목적으로 하지 않는 시가 도덕과 동일시된다는 착각에 빠지기도 한다. 시인은 '전생에도 새가 되고 싶어 했다' 고 말하고 있다. 그의 현재가 절체절명의 미로가 아니라면, 그의 주변은 너무나 삭막하고 텅 비어서 눈에 보이는 거라고는 에로스나 헤르메스나 아노디스와 같이 먼 우주를 떠다니다 행성이 되어버린 이름들뿐인 것이다. 이제 화자는 자신의 말을 들어줄 누군가의 기울인 귀를 필요로 하고 있다. 이처럼 살아있는 순간을 드러내는 고백은 시였을 때 비로소 아름답다.

그리운 날은 그리워하겠습니다
몹시도 보고 싶은 날이면 한 번쯤 하늘에 대고
소리쳐 보겠습니다
오늘은 하늘이 참 맑습니다

그리움으로 쓰여진 소설 속에 마음 들인 날
나는 길게 접힌 책갈피가 됩니다
어제처럼 또 어제의 그 날이 밝아오고

문득, 내가
먼 길 떠나는 나를 배웅하는 모습을 서울 어느 역 앞에서
만납니다

내가 나를 바라보는 이 시간은 황혼입니다
다음 역은 황혼역이라고 말하고 싶습니다
내가 탄 기차는 당신에게 도착할 것입니다
플랫폼에 당신이 있다면 좋겠습니다.

–「황혼역」 전문

리얼리즘이란 허상의 활동에 의해 가려진 실상의 실제를 접근하여 표현하거나 진술하는 문학적 방법이다. 현상일 뿐인 허상의 함정에 빠져 실상을 접한다면 누구라도 이 한계의 문밖에서 혼란을 겪게 될 것이다. 사랑이 언제부터 자신과 혹은 그리워하는 마음과 전쟁을 해왔는지 추다영 시인의 작품들을 접하면서 은연중에 전쟁의 일부가 된 듯하다. 그의 전쟁

은 폐허가 아닌 눈앞에 플랫폼을 건설하였다. 인생에 있어서, 특히 시인에게 있어서의 시간은 파괴나 분해가 아니고, 공간도 현재의 것이 아니지만 자연스럽게 만들어진다. 이 작품 '황혼역' 은 어느 때나 시간과 공간을 허물수가 있고, 허물거나 축조하는 일체의 노력은 공고한 진정성의 역할이란 사실을 보여주고 있다. 리얼리즘에 충실한 서정시가 사람에게 감동을 주기 위해서는 세부에 이르기까지 진정성이 스며있어야 하고, 묘사는 차라리 보편적일 때 좋은 효과를 가져 올 것이다. 내적갈등이나 간절함은 문장 속에서 일상이나 자연의 흐름들을 거부한다. 이러한 미묘하고 뚜렷한 거역의 현상들을 추스르고 균형을 잡고 작품을 완성하는 것은 부단한 시인의 노력이다. 사랑은 추다영의 심부에서 페르소나에 가깝다. 정적인가하면 동적이고 규칙을 따르는가 싶으면 파격적이고, 문득 지각이나 자유의사가 있는 것처럼 방황하고 있는 것이다. 자기의 상태를 통합한 세계의 구조를 적나라하게 보여주는 이러한 형식의 글이 거부되는 정서는 고통이다.

별들도 사라졌다

한밤중 아궁이를 열고
혼자 맞이한 밤을 찢어 불사르는
중이다
불꽃 하나가 내게로 다가온다
불꽃은
내민 혀끝으로
바람과 함께 빨려든 먼지로
제 몸을 태우고 있다

불꽃이 긴 팔과 그림자로 나를 삼키려 한다
불길은 아궁이 속에 숨어 있던 바람 탓이다

바람의 광란도 불 속에서 생겨났다

저 불길 속에서
더 많은 불꽃들이 불에 타고 있다

–「눈먼 밤」 전문

시인이 은유나 직유를 다룰 때 가지게 되는 전이에 대한 기대치는 다른 어떤 장르의 문장가들보다 간절한 것이다. 비슷하지 않는 것들 속에도 유사성을 장치하는 것은 詩가 가진 특징이기도하겠지만, 대부분이 시인의 의도일 것이다. 작품 '눈먼 밤' 은 가상의 아궁이 속에 모든 것들을 태워버리고 싶어 하는 우울한 밤의 정서를 보여준다. 아궁이(지워버리고 싶은 마음)에 중의적으로 읽히는 바람, 그리고 먼지로 치부하고 싶은 모든 것들과 그 일체를 품어왔던 순간까지도 다 불태워 버리고 싶은 정서를 은유의 기법으로 그려낸 것이다. 이렇게 감상을 하게 되는 까닭은 작품 속의 이미지가 시인의 의도대로 말을 하고 있기 때문이다. 두 개 혹은 그 이상의 단편들을 하나로 조합한 은유가 만든 이미지는, 완성된 후에 이처럼 스스로 의사를 표시 한다. 다만, 이미지의 생각을 짐작하고 공감하는 것은 타자, 혹은 독자의 몫이고 밀착된 감상일 것이다. 언뜻, 좋은 시가 좋은 독자를 만든다는 생각을 해보게 된다. 좋은 글은 이미지가 사물이나 현상을 대신하게 하는데 있어 전혀 무리가 없다. 생각을 보다 적극적으로 말하거나 표현해내는 것이 진정성일 것이다. 그리 익숙하지 않은 것을 보다 익숙한 것으로, 알지 못하는 것을 아는 것에 동화(머레이)시키는 수단은 이미 시인에게 익숙하다.

잠 못 이루는 밤입니다 마음이 길을 나서는데 그 길이 심장을 조여옵니다.

사후(死後)를 위해 세상에 태어났다 말을 한 어떤 명상가는 알몸으로 깊은 강에
투신하였습니다 강을 따라 그의 말이 흘러왔습니다

내일도 오늘처럼 강변을 걸어야 한다면 이른 새벽 창을 열고 바람이나 들이겠습니다
몸이 풍선처럼 부풀고 있습니다.

밤의 온기는 새벽바람에 약합니다 바람은 식힌 나를 흔들고 있습니다.

반복되는 시간이 고스란히 간직한 것은 어제입니다 봄, 여름, 가을, 겨울,
명상가가 떠난 계절을 기억할 수가 없습니다

–「잃어버린 계절」 전문

우리는 순간을 살고 있다. 순간은 막연하기도 하고 불안하기도 하다. 순간은 내 것이기도 하고 네 것이기도 하다. 순간은 지금이기도 하고 먼 훗날이기도 하다. 불안하거나 불완전한 순간이모여 시간이 되고 계절이 되고 우리는 또 멀어져가는 계절을 바라만보기도 한다. 추다영은 "반복되는 시간이 고스란히 간직한 것은 어제입니다 / 봄, 여름, 가을, 겨울 / 명상가가 떠난 계절을 기억할 수가 없습니다"라고 마지막 연에서 진술하며, 정작 명상가와 창문을 연 사람 모두가 자기 자신이란 사실은 밝히지 않는다. 그러나 그러한 행방들은 중요하지 않다. 타자가 궁금한 것은 화자가 지나쳐온 순간들의 집합인 계절이 아니라 그 매순간에 감춰진 우여곡절일 것이다. 밀어내지 않아도 나에게서 멀어진 것은 망각이 아닌 상실이다. 망각은 파괴가 아니라서 떠올리기만 하면 본래의 모습으로 구현되

지만, 상실은 아주 없어지거나 사라진 상태라서 그것은 곧 죽음을 뜻하기도 할 것이다. 작품은, '사후(死後)를 위해 세상에 태어났다' 는 진술에 함의된 감정이나 사연을 단순화된 문장과 대칭적 상징만으로 나타내주고 있기에 세밀히 유추할 수가 없지만, 정신적 이탈을 표현하는 이와 같은 추상적인 방식이라면 감상의 접근을 충분히 허락하였다. 헤겔에 의하면 정신은, 창조된 완성의 자신을 인식하기를 원하며 자유를 의욕 한다고 설명된다. 그렇다면, 작품에서 드러난 화자의 정신은 '사후(死後)를' 넘나드는 실천적인 의지와 관계되어 위태롭다. 어쩌면 우리는 개념을 객관화시키길 바라면서 스스로 존재하는 정신을 위로받거나 위로하기 위해서 시를 쓰게 되거나 인간으로 살아가는 것은 아닐까싶다. 정신은 매순간 경험한다. 경험은 현재와 과거와 미래에 관련되어짐으로써 비로소 완성에 가까운 지식이나 지혜로 자리 잡게 될 것이다. 그리고 그런 후에는 교감하거나 공유하기를 당연시할 것이다. 작품에서 드러난 추다영의 경험 역시도 순간을 먹여 키운 분신임이 명백하다. 분신은 곧 의식에 다름 아닌 것이다. 알려진 얘기지만, 사실주의 작가 모파상은 (피에르의 장) 서문에서 '그것은 무엇이든 자기가 표현하려고 생각하는 것을 꽤 오랫동안 주의를 집중해서 관찰하여 지금까지 아무도 보지 못하고 말하지 못한 일면을 발견하는 일이다. 어떠한 것 속에서도 미개발된 것이 있다. 그것을 찾자. 그리하여 우리는 독창적인 작가가 되는 것이다' 라고 말하며 사실주의 문장가들도 관찰과 노력에 익숙해야 한다고 강조하였다. 추다영은 이 작품 '잃어버린 계절' 을 통하여 또 다른 시도에 발을 들여놓고 있다.

돌아서면 비가 왔다
잡은 손을 놓으면 우산이 펼쳐졌다
어둠을 뒤집어 쓴 빗소리는 무거웠다
친근했던 말들이 발끝부터 턱밑까지 차올라서

노래들은 낯설었다

비가 그친 저녁에 혼자입니다.
나는 내가 궁금해서
쓸쓸하다는 말을 꺼내보고 싶습니다

마음으로 빚은 달 하나
하늘에 떠다니고 있습니다
나의 말은 저 배에 실어 보내겠습니다.
배를 흔들며 비를 뿌린 바람이 넘실대고 있습니다
비와 구름과 그리움이 저녁 무렵에 놓은 손을
그리워하고 있습니다

－「아직도 끝나지 않는」 전문

'나를 지배하고 나를 바뀌게 하는 것은 예술과 사랑이다' 이렇게 말한다면 그것은 아름다운 선언이고 고백일 뿐 놀라움은 아니다. 영원한 것과 일시적인 것, 절대적인 것과 독자적인 것의 혼돈 속에서 영원한 것은 신의 영역이거나 문화와 역사, 그리고 사랑일 것이다. 시인은 신화(神話)에 불과한 영원과 절대의 의미에 도달하려 시도하지 않는다. 플라토닉 사랑이나 에로스적 본능에 관련한 사유나 표상을 절창이나 문장에 담아내더라도 우리는 영원한 것에 대하여는 어느 때라도 의문을 갖기 마련이다. 추다영을 포함한 아주 많은 시인들은 신의 영역 밖을 기웃거리며, 글로써 사랑을 갈구하고 노래한다. 그러나 어떤 욕망이 이미 난 길만을 가려고 고집할까? 비틀거리는 모습으로 다가오거나 멀어지는 모든 아름다움은 다분히 추상이다. 다만, 사유가 깊어질 때 시인의 의식은 이 욕망의 바다에서 간만의 흐름까지 조장하려 노력한다. 거대한 조류까지도 원하는 방향으로 유도할 수가 있을 때 느끼게 되는 대단한 카타르시스는 당연한 보상일 것이다. 아름다운 작품들로 묶어놓은, 추다영 시인의 첫 시집 『나를 환장하게 하는 너』와 함께 한 깊은 가을 여행이었다. 마지막 작품 「아직도 끝나지 않은」에서 대면한 추상이 추다영 시인의 독자적인 의도와 정열이었기에 아름다운 가치를 적잖은 감동으로 확인할 수 있었다.

국립중앙도서관 출판예정도서목록(CIP)

나를 환장하게 하는 너 : 추다영 시집 / 지은이: 추다영. --
서울 : 다시올, 2018
p. ; cm. -- (다시올 시선 ; 031)

ISBN 978-89-94414-84-3 03810 : ₩15000

한국 현대시[韓國現代詩]

811.7-KDC6
895.715-DDC23 CIP2018038679

Chu Dayeong

다시올 시선 031

나를 환장하게 하는 너

초판인쇄 2018년 12월 3일
초판발행 2018년 12월 8일

출판등록 | 제310-2007-00028

지은이 | 추다영
발행인 | 김영은
펴낸곳 | 다시올

주 소 | 서울 노원구 광운로 32, 지층1호
전 화 | 031-836-5941
팩 스 | 031-855-5941
메 일 | maxim3515@naver.com

ISBN 978-89-94414-84-3 03810

정가 15,000원